Munca agus Alastair

An teacsa Robina Beckles Willson
Na dealbhan Diana Catchpole
A' Ghàidhlig Anna NicDhòmhnaill

STÒRLANN • ACAIR

Bha Alastair ag iarraidh peata muncaidh.
"Tha mi ag iarraidh muncaidh,"
thuirt e ri Mamaidh.
"Chan fhaigh thu peata muncaidh,"
thuirt Mamaidh.
"Nis caidil."

Chaidil Alastair.

Chunnaic e muncaidh na chadal.

"Nì thu peata math dhomh," ars Alastair.

"Trobhad a-nuas agus cluich còmhla rium."

Ach leum Muncaidh air an leabaidh ...

agus air
an t-sèithear ...

agus leum e an siud agus an seo anns an rum.
"Stad! Stad!" thuirt Alastair.

Chaidh Alastair às a dhèidh
ach shreap e air a' chùirteir.
"Trobhad a-nuas a-nis," ars Alastair.
"Bidh Mamaidh crosta riut."

Leum Muncaidh air sèithear.
Chuir e air ceap le Alastair agus
chuir e drèinean air anns an sgàthan.

Bha Alastair a' gàireachdainn.
Chuir esan drèin air anns an sgàthan cuideachd.

An uair sin chunnaic Muncaidh
druma Alastair.
"Brag! Brag! Brag!" rinn e air an druma.
"Sguir dhen sin!" dh'èigh Alastair.
"Bidh Mamaidh crosta riut."

"Trobhad sìos an staidhre agus gheibh mi biadh dhut," ars Alastair.
Chaidh Muncaidh sìos an staidhre ann an diog.

Thug Alastair banana dha Muncaidh, ach bha Muncaidh ag iarraidh nam bananathan uile.

"Sguir!" thuirt Alastair. "Seall air na rùsgan banana sin. Bidh Mamaidh glè chrosta ma dh'itheas tu na bananathan uile."

"Trobhad a-mach ma-thà," thuirt Alastair.
"Cluichidh sinn sa ghàrradh."

Ach cha robh dùil aig Muncaidh cluich.

Bha e airson leum thairis air an ròp-aodaich.

"Sguir!" dh'èigh Alastair.

"Chan fhaod thu cluich air an ròp-aodaich."

Ach bha Muncaidh air a dhòigh a' ruith air ais agus air adhart air an ròp-aodaich. "Thig a-nuas às an sin," dh'èigh Alastair.

Leum Alastair suas.

"Tha thu agam a-nis, a Mhuncaidh!" thuirt e. Ach thuit Alastair agus Muncaidh agus an ròp-aodaich. "Tha seo uabhasach!" dh'èigh Alastair.

Sa mhionaid sin dhùisg Alastair.

"Chan eil mi ag iarraidh peata muncaidh a-nis," thuirt e.

Thog e an dèideag muncaidh aige fhèin.

"Ach is toil leam thusa," thuirt e.